AF404013

ALBUM
du
JOURNAL
des Jeunes Personnes.

Ouvrages au Crochet, Filet
Tricots &c.

PRIX 2 F.

Paris,
Au Bureau du Jal des Jeunes Personnes.
15, Rue Férou.

ALBUM
d'Ouvrages
AU
FILET, CROCHET, TRICOTS, ETC.
PAR Mme ANNICA BRICOGNE
PRIX 2 FR.
PARIS
AU BUREAU DU JOURNAL DES JEUNES PERSONNES
RUE PÉROU, No 15
1848
BERDEIL
PRIEUR

ALBUM

DU JOURNAL DES JEUNES PERSONNES.

Inspirée par le désir d'être agréable à nos aimables abonnées, dont les suffrages sont venus tant de fois m'encourager, j'ai composé ou réuni pour elles des travaux de genres différents qui, je l'espère, leur procureront plus d'une occasion d'exercer leur adresse et d'offrir à leurs parents, à leurs amies de charmants cadeaux.

Les dessins pour le crochet, pour le filet, m'appartiennent en propre ; je les ai composés en vue de l'Album, le crochet et la navette à la main ; quant aux tricots, j'ai trouvé à l'institution de madame Thiébaut, rue Lacuée, des conseils fort utiles. Dans cette institution, si remarquable sous tous les rapports, il n'est pas un seul ouvrage de femme qui ne soit exécuté avec autant de goût que d'adresse.

Puisse cet ALBUM DU JOURNAL DES JEUNES PERSONNES procurer d'agréables distractions à nos habiles abonnées : c'est mon vœu le plus cher, et ce sera aussi ma plus douce récompense.

ANNICA BRICOGNE.

OUVRAGES AU CROCHET.

Explication des différents termes employés dans les ouvrages suivants.

Maille légère ou *chaînette.*—Faites un nœud coulant au fil, passez-y le crochet, attirez le fil dans ce nœud ou maille, de manière à former une boucle; faites une seconde boucle dans celle-ci, et ainsi de suite.

Maille pleine. — Lorsque la chaînette est d'une longueur suffisante, coupez le fil, si tout doit être fait dans le même sens; sinon, tournez votre chaînette, passez le crochet dans l'avant-dernière maille et tirez le fil ; vous devez avoir deux boucles sur le crochet ; prenez encore du fil et faites-le passer dans ces deux boucles.

Maille colonne. — Tournez le fil autour du crochet, piquez celui-ci dans un point de la rangée précédente, prenez du fil avec le crochet et tirez-le par cette maille : vous avez alors trois boucles sur votre crochet; prenez du fil avec le crochet, et faites passer ce fil dans les deux premières boucles : vous en avez encore deux sur le crochet; reprenez du fil avec le crochet, passez-le dans ces deux dernières boucles, et la maille colonne est terminée.

N° 1. Dentelle faite en travers.

(On ne coupe pas le fil.)

1re RANGÉE.

23 mailles légères.

2e RANGÉE.

1 maille colonne dans la 13e maille de la rangée précédente.—1 légère.—1 colonne.—1 légère, etc.

3e RANGÉE.

1 maille pleine. — 1 légère. — 4 pleines. — 3 légères. — 4 pleines. — 2 légères. — 1 pleine. — 5 légères.

4e RANGÉE.

1 maille pleine dans la 14e maille de la rangée précédente.—3 pleines.—3 légères.—4 pleines. — 2 légères. — 1 pleine.

5e RANGÉE.

1 maille pleine. — 3 légères. — 4 pleines. — 2 légères. — 4 pleines. — 6 légères.

6e RANGÉE.

1 maille colonne dans la 14e de la rangée précédente. — 1 légère. — 1 colonne, etc.

7e RANGÉE.

1 maille pleine. — 3 légères. — 4 pleines. — 3 légères. — 5 pleines. — 5 légères.

8e RANGÉE.

1 maille pleine dans la 14e maille de la rangée précédente. — 3 pleines. — 3 légères. — 4 pleines. —2 légères. — 1 pleine.

9e RANGÉE.

1 maille pleine. — 1 légère. — 4 pleines. — 3 légères. — 4 pleines. — 2 légères. — 1 pleine. — 7 légères.

Recommencez à la 2e rangée.

N° 2. Dentelle faite en travers.

(On ne coupe pas le fil.)

1re RANGÉE.

22 mailles légères.

2e RANGÉE.

1 maille pleine dans la 12e maille de la rangée précédente. — 2 légères. — 1 colonne dans la 10e. — 1 légère. — 1 colonne dans la 10e. — 2 légères. — 1 pleine dans la 8e. — 2 légères — 1 colonne dans la 6e. — 1 légère. — 1 colonne dans la 6e. — 2 légères. — 1 pleine dans la 4e. — 6 légères. — 1 pleine dans la 1re.

3e RANGÉE.

4 mailles légères. — 1 colonne dans la maille pleine. — 1 légère. — 1 colonne dans la maille pleine. — 2 légères. — 1 maille pleine dans la maille légère entre les deux colonnes. — 6 légères. — 1 pleine. — 2 légères. — 1 colonne. — 1 légère. — 1 colonne. — 2 légères. — 1 pleine. — 6 légères.

4e RANGÉE.

1 maille pleine dans la maille légère entre les deux mailles colonnes. — 6 légères. — 1 pleine. — 6 légères. — 1 pleine. — 6 légères. — 1 pleine.

5e RANGÉE.

4 mailles légères. — 1 colonne dans la maille pleine. — 1 légère. — 1 colonne dans la même maille. — 2 légères. — 1 colonne. — 6 légères. — 1 pleine. — 6 légères. — 1 pleine. — 2 légères. — 1 colonne. — 1 légère. — 1 colonne. — 2 légères. — 1 pleine. — 6 légères.

6e RANGÉE.

1 maille pleine. — 2 légères. — 1 colonne. — 1 légère. — 1 colonne. — 2 légères. — 1 pleine. — 2 légères. — 1 colonne. — 1 légère. — 1 colonne. 1 pleine. — 6 légères. — 1 pleine.

7e RANGÉE.

4 légères. — 1 pleine dans la 3e maille. — 6 légères. — 1 pleine. — 2 légères. — 1 colonne. — 1 légère. — 1 colonne. — 2 légères. — 1 colonne. — 6 légères. — 1 pleine.

8e RANGÉE.

6 mailles légères. — 1 pleine. — 2 légères. — 1 colonne. — 1 légère. — 1 colonne. — 2 légères. — 1 pleine. — 2 légères. — 1 colonne. — 1 légère. — 1 colonne. — 1 pleine. — 5 légères. — 1 pleine dans la 2e.

Recommencez à la 5e rangée.

N° 3. Dentelle en travers.

(On ne coupe pas le fil.)

1re RANGÉE.

17 mailles légères.

2e RANGÉE.

1 maille colonne dans la 12e maille de la rangée précédente. — 3 légères. — 3 colonnes. — 2 légères. — 1 colonne. — 1 légère. — 1 colonne.

3e RANGÉE.

4 mailles légères. — 3 colonnes. — 3 légères. — 3 colonnes. — 1 légère. — 1 colonne. — 5 légères.

4e RANGÉE.

1 maille colonne dans la 12e. — 2 colonnes. — 2 légères. — 1 colonne. — 2 légères. — 4 colonnes.

5e RANGÉE.

4 mailles légères. — 3 colonnes. — 5 légères. — 3 colonnes. — 1 légère. — 1 colonne. — 5 légères.

6e RANGÉE.

De même que la 2e.

7e RANGÉE.

1 maille pleine. — 3 légères. — 2 pleines. — 3 légères. — 2 pleines. — 3 légères. — 1 pleine. — 6 légères.

8e RANGÉE.

1 maille pleine dans la 12e. — 3 légères. — 1 pleine. — 3 légères. — 1 pleine. — 1 légère. — 1 pleine.

9e RANGÉE.

De même que la 7e.

Recommencez à la 2e rangée.

N° 4. Dentelle faite en long.

(Coupez le fil à la fin de chaque rangée.)

1re RANGÉE.

Mailles légères.

2e RANGÉE.

1 maille pleine. — 2 légères. — 1 pleine, etc.

3e RANGÉE.

1 maille pleine. — 6 légères. — 1 pleine dans la 5e, etc.

4e RANGÉE.

3 mailles légères. — 1 pleine dans la 1e. — 4 légères. — 1 pleine, etc.

5e RANGÉE.

Mailles pleines.

6e RANGÉE.

De même que la 3e.

7e RANGÉE.

De même que la 4e.

8e RANGÉE.

Mailles pleines.

9e RANGÉE.

1 maille pleine. — 5 légères dans la 4e. — 6 légères dans la 4e. — .·. 5 légères dans la 7e. — 5 légères dans la 10e. — 6 légères dans la même. 1 Recommencez au .·..

N° 5. Dentelle faite en long.

(Coupez le fil à la fin de chaque rangée.)

1re RANGÉE.

Mailles légères.

2e RANGÉE.

1 maille pleine. — 3 légères. — 1 pleine. — 3 légères, etc.

3e RANGÉE.

1 maille colonne. — 1 légère. — 1 colonne. — 1 légère, etc.

4e RANGÉE.

1 maille colonne dans la maille colonne de la rangée précédente. — 1 légère. — 1 colonne, etc.

5e RANGÉE.

1 maille pleine. — 4 légères. — 1 pleine dans la 4e.

6e RANGÉE.

Semblable à la précédente, en prenant dans le milieu de chaque boucle.

N° 6. Manchette.

(Coupez le fil à la fin de chaque rangée.)

1re RANGÉE.

Mailles légères.

2e RANGÉE.

1 maille pleine. — 3 légères. — 1 pleine. — 3 légères, etc.

3e RANGÉE.

1 maille pleine. — 6 légères. — 1 pleine dans la 5e, etc.

4e RANGÉE.

3 mailles légères. — 1 pleine dans le milieu des 6 légères de la rangée précédente. — 6 légères. — 1 pleine, etc.

5e RANGÉE.

1 maille pleine. — 4 légères. — 1 pleine. — 4 légères, etc.

6e RANGÉE.

De même que la 3e.

7e RANGÉE.

De même que la 4e.

8e RANGÉE.

De même que la 5e.

9e RANGÉE.

De même que la 2e.

10e RANGÉE.

1 maille pleine. — 4 légères. — 1 pleine dans la 4e. — 4 légères. — 1 pleine, etc.

11e RANGÉE.

2 mailles légères. — 1 pleine dans le milieu des 4 légères. — 4 légères. — 1 pleine, etc.

Retournez maintenant votre manchette, et, de l'autre côté, c'est-à-dire dans la première rangée, faites comme à la 10e rangée, puis comme a la 11e; terminez chaque bout par une rangée de mailles pleines.

Nᵒ 7. Col.

(Coupez le fil à la fin de chaque rangée.)

1ʳᵉ RANGÉE.

Mailles légères.

2ᵉ RANGÉE.

1 maille pleine. — 1 légère, etc.

3ᵉ RANGÉE.

1 maille légère. — 1 colonne. — 4 légères.— .˙. 3 colonnes. — 4 légères. — 3 colonnes. Retournez au signe.

4ᵉ RANGÉE.

2 mailles légères. — 1 colonne. — 2 légères. — 5 colonnes. — .˙. 2 légères. — 1 colonne. — 3 légères. — 1 colonne. — 2 légères. — 5 colonnes. — Retournez au signe.

5ᵉ RANGÉE.

1 maille pleine. — 3 légères. — 3 colonnes. — 1 légère. — 3 colonnes. — 3 légères. Recommencez.

6ᵉ RANGÉE.

2 mailles légères. — .˙. 3 colonnes. — 3 légères. — 3 colonnes. — 3 légères. Retournez au signe.

7ᵉ RANGÉE.

2 mailles légères. — .˙. 3 colonnes. — 1 légère. — 1 pleine. — 1 légère. — 3 colonnes. — 2 légères. — 1 pleine. — 2 légères.

Retournez au signe.

8ᵉ RANGÉE.

De même que la 6ᵉ.

9ᵉ RANGÉE.

De même que la 5ᵉ.

10ᵉ RANGÉE.

De même que la 4ᵉ.

Recommencez à la 3ᵉ rangée, suivez jusqu'à la 10ᵉ, et recommencez encore une fois la 3ᵉ.

Terminez chaque côté du col par une rangée de mailles pleines, et faites la dentelle ainsi qu'il suit :

1ʳᵉ RANGÉE.

1 maille pleine. — 6 légères, dans la 5ᵉ maille de la rangée précédente. Recommencez.

2ᵉ RANGÉE.

1 maille pleine. — .˙. 3 légères. — Sautez une maille, prenez dans la suivante. — 3 légères. — Sautez 1 maille. — 3 légères. — Sautez 2 mailles. Recommencez au signe.

Nᵒ 8. Col.

| (Coupez le fil à la fin de chaque rangée.)

1ʳᵉ RANGÉE.

Mailles légères.

2ᵉ RANGÉE.

1 maille pleine. — 1 légère.

3ᵉ RANGÉE.

1 maille pleine. — 8 légères. — 1 pleine. — 1 légère. — 1 pleine. — 9 légères. Recommencez.

4ᵉ RANGÉE.

2 mailles colonnes. — .˙. 2 légères. — 1 pleine. — 5 légères. — 1 colonne. — 5 légères. — 1 pleine. — 2 légères. — 3 colonnes. Recommencez au signe.

5ᵉ RANGÉE.

3 mailles colonnes. — .˙. 6 légères. — 3 colonnes. — 6 légères. — 3 colonnes. Recommencez au signe.

6ᵉ RANGÉE.

2 mailles colonnes. — .˙. 3 légères. — 2 colonnes. — 1 légère. — 5 colonnes. — 1 légère. — 2 colonnes. — 3 légères. — 3 colonnes. Recommencez au signe.

7ᵉ RANGÉE.

1 maille colonne. — 3 légères. — 4 colonnes. — 1 légère. — 3 colonnes. — 1 légère. — 4 colonnes. — 3 légères. Recommencez.

8ᵉ RANGÉE.

2 mailles légères. — .˙. 7 colonnes. — 1 légère. — 1 colonne. — 1 légère. — 7 colonnes. — 3 légères. Recommencez au signe.

9ᵉ RANGÉE.

De même que la 7ᵉ.

10ᵉ RANGÉE.

De même que la 6ᵉ.

11ᵉ RANGÉE.

1 mailles colonnes. — .˙. 5 légères. — 3 colonnes.

— 5 légères. — 7 colonnes. — Recommencez au signe.

12e RANGÉE.

5 mailles colonnes. — .*. 3 légères. — 1 colonne. — 2 légères. — 1 colonne — 2 légères. — 1 colonne. — 3 légères. — 9 colonnes.
Recommencez au signe.

13e RANGÉE.

1 maille colonne. — 2 légères. — 3 colonnes. — 4 légères. — 1 colonne. — 1 légère. — 1 colonne. — 4 légères. — 3 colonnes. — 2 légères.
Recommencez.

14e RANGÉE.

3 mailles colonnes. — .*. 4 légères. — 1 colonne.

— 2 légères. — 1 colonne. — 2 légères. — 1 colonne — 1 légères. — 7 colonnes.
Recommencez au signe.
Terminez chaque côté du col par une rangée de mailles pleines. Entourez le col par les trois rangées suivantes :

15e RANGÉE.

6 mailles légères. — Sautez 3 mailles. — Prenez dans la 4e.

16e RANGÉE.

Mailles pleines.

17e RANGÉE.

7 mailles légères. — Prenez dans le milieu des dents formées par les mailles pleines.

No 9. Col.

(Coupez le fil à la fin de chaque rangée.)

1re RANGÉE.

Mailles légères.

2e RANGÉE.

Mailles pleines.

3e RANGÉE.

3 mailles colonnes. — 4 légères. — 3 colonnes. — 4 légères.
Recommencez.

4e RANGÉE.

De même que la 3e.

5e RANGÉE.

1 maille légère. — 1 colonne. — 1 légère. — .*. 3 colonnes. — 4 légères. — 3 colonnes. — 4 légères. — 3 colonnes. — 1 légère. — 1 colonne. — 1 légère.
Recommencez au signe.

6e RANGÉE.

De même que la 5e.

7e RANGÉE.

3 mailles colonnes. — .*. 4 légères. — 3 colonnes. — 1 légère. — 1 colonne. — 1 légère. — 3 colonnes. — 4 légères. — 3 colonnes.
Recommencez au signe.

8e RANGÉE.

De même que la 7e.

9e RANGÉE.

3 mailles légères. — .*. 3 colonnes. — 4 légères. — 3 colonnes. — 4 légères.
Recommencez au signe.

10e RANGÉE.

De même que la 9e.

11e RANGÉE.

3 mailles colonnes. — 1 légère. — 1 colonne. — 1 légère. — 3 colonnes. — 4 légères. — 3 colonnes. — 4 légères.
Recommencez.

12e RANGÉE.

De même que la 11e.

13e RANGÉE.

3 mailles légères. — .*. 3 colonnes. — 4 légères. — 3 colonnes. — 1 légère. — 1 colonne. — 1 légère. — 3 colonnes. — 4 légères.
Recommencez au signe.

14e RANGÉE.

De même que la 13e.

15e RANGÉE.

3 mailles colonnes. — 4 légères. — 3 colonnes. — 4 légères.
Recommencez.

16e RANGÉE.

De même que la 15e.

17e RANGÉE.

3 mailles légères. — .*. 3 colonnes. — 1 légère. — 1 colonne. — 1 légère. — 3 colonnes. — 4 légères. — 3 colonnes. — 4 légères.
Retournez au signe.

18e RANGÉE.

De même que la 17e.
Terminez chaque côté par une rangée de mailles pleines.
Entourez le col par les deux rangées suivantes.

19e RANGÉE.

9 mailles légères. — Sautez 7 mailles, et prenez dans la 8e.

20e RANGÉE.

4 mailles légères. — Sautez 2 mailles. — 7 légères. — Sautez 6 mailles.

N° 10. Bonnet.

1re RANGÉE.

11 mailles légères.

2e RANGÉE.

16 mailles pleines.

3e RANGÉE.

2 mailles colonnes. — 2 légères. — 4 colonnes. — 2 légères. — 4 colonnes. — 2 légères. — 4 colonnes. — 2 légères. — 2 colonnes.

4e RANGÉE.

2 mailles légères. — 4 colonnes. — 2 légères. — 1 colonne. — (Recommencez.)

5e RANGÉE.

3 mailles légères. — 6 colonnes. — 3 légères. — 1 colonne. — (Recommencez.)

6e RANGÉE.

4 mailles légères. — 6 colonnes. — 4 légères. — 3 colonnes. — (Recommencez.)

7e RANGÉE.

5 mailles légères. — 4 colonnes. — 5 légères. — 5 colonnes. — (Recommencez.)

8e RANGÉE.

6 mailles légères. — 2 colonnes. — 6 légères. — 7 colonnes. — (Recommencez.)

9e RANGÉE.

4 mailles légères. — 1 colonne. — 1 légère. — 1 colonne. — 1 légère. — 1 colonne. — 5 légères. — 9 colonnes. — (Recommencez.)

10e RANGÉE.

4 mailles légères. — 1 colonne. — 1 légère. — 1 colonne. — 1 légère. — 1 colonne. — 4 légères. — 11 colonnes. — (Recommencez.)

11e RANGÉE.

5 mailles légères. — 1 colonne. — 1 légère. — 1 colonne. — 1 légère. — 1 colonne. — 5 légères. — 6 colonnes. — 2 légères. — 6 colonnes. — (Recommencez.)

12e RANGÉE.

6 mailles légères. — 1 colonne. — 1 légère. — 1 colonne. — 6 légères. — 7 colonnes. — 5 légères. — 7 colonnes. (Recommencez.)

13e RANGÉE.

1 maille pleine. — 4 légères. — Sautez 2 mailles; prenez dans la 3e.

14e RANGÉE.

1 maille pleine prise dans le milieu des 5. — 3 légères, etc.

15e RANGÉE.

1 maille pleine dans la maille pleine de la rangée précédente. — 6 légères, etc.

16e RANGÉE.

4 mailles légères. — 1 pleine prise dans le milieu des 6.

17e RANGÉE.

1 maille pleine. — 7 légères. — Sautez 4 mailles. — 1 pleine prise dans la 5e. — 7 légères. — 1 pleine prise encore dans la 5e. — 7 légères. (Recommencez.)

18e RANGÉE.

1 maille pleine prise dans la maille du milieu de la dent. — 7 légères. — 1 pleine. — 7 légères. — 1 pleine dans la même que la précédente. — 1 légère. — 6 colonnes prises dans la boucle formée par la rangée précédente. — 1 légère. — (Recommencez.)

19e RANGÉE.

1 maille pleine. — 1 légère. — 7 colonnes. — 1 légère. — (Recommencez.)

20e RANGÉE.

6 mailles légères. — 1 pleine, etc.

21e RANGÉE.

1 maille pleine dans la maille pleine de la rangée précédente. — 4 légères. — Sautez 2 mailles. — 1 pleine dans la 3e maille. — (Recommencez.)

22e RANGÉE.

1 maille pleine. — 4 légères, etc.

23e RANGÉE.

De même que la 17e.

24e RANGÉE.

De même que la 18e.

25e RANGÉE.

De même que la 19e.

26e RANGÉE.

De même que la 20e.

27e RANGÉE.

Mailles pleines.

28e RANGÉE.

De même que la 21e.

29e RANGÉE.

De même que la 22e.

30e RANGÉE.

Mailles pleines.

31e RANGÉE.

De même que la 17e.

Jusqu'à cette rangée vous avez travaillé en rond ; laissez maintenant 16 mailles sans les recouvrir, tournez votre bonnet et prenez dans la rangée que vous venez de faire.

32e RANGÉE.
De même que la 18e.
33e RANGÉE.
De même que la 19e.
34e RANGÉE.
1 maille pleine. — 7 légères. — 1 pleine. — 7 légères. — 1 pleine dans la même que la maille précédente. — (Recommencez.)
35e RANGÉE.
1 maille pleine. — 1 légère. — 7 colonnes. — 1 légère. — 1 pleine. — 7 légères. — 1 pleine prise dans la même maille que la précédente. — (Recommencez.)

36e RANGÉE.
1 maille pleine. — 1 légère. — 7 colonnes. — 1 légère. — 1 pleine. — 9 légères. — 1 pleine. — (Recommencez.)
37e RANGÉE.
Entourez votre bonnet avec une rangée de mailles légères et prenez dans le milieu de chaque dent.
38e RANGÉE.
Mailles pleines.
39e RANGÉE.
1 maille légère. — 1 colonne, etc.
40e RANGÉE.
Mailles pleines.

Nº 11. Sac.

(Ce sac se fait en long ; on ne coupe pas le fil.)

1re RANGÉE.
Mailles légères.
2e RANGÉE.
3 mailles colonnes. — 3 légères, etc.
3e RANGÉE.
3 mailles légères. — 3 colonnes. — Prenez les 3 mailles colonnes dans les 3 mailles légères de la rangée précédente.
4e RANGÉE.
De même que la 2e.
5e RANGÉE.
1 maille pleine. — 6 légères. — Sautez 3 mailles. — 1 pleine dans la 4e. — 6 légères, etc.
6e RANGÉE.
1 maille pleine. — Dans le milieu des 6 mailles de la rangée précédente. — 6 légères, etc.
7e et 8e RANGÉES.
De même que la 6e.

9e RANGÉE.
1 maille pleine. — 3 légères, etc.
10e RANGÉE.
3 mailles colonnes. — 3 légères.
11e RANGÉE.
8 mailles légères. — 3 colonnes.
12e RANGÉE.
De même que la 10e.
13e RANGÉE.
De même que la 3e.
14e, 15e et 16e RANGÉES.
De même que la 6e.
17e RANGÉE.
De même que la 10e.
18e, 19e et 20e RANGÉES.
De même que les 2e, 3e et 4e rangées.

Recommencez à la 1re rangée ; pliez cette bande en deux et fermez ce sac de chaque côté par un surjet, puis sur le surjet et au bas du sac faites les 4 rangées suivantes.

1ʳᵉ RANGÉE.
1 maille colonne. — 1 légère, etc.
2ᵉ RANGÉE.
1 maille pleine.—4 légères. — Sautez 2 mailles. — 1 pleine dans la 3ᵉ, etc.

3ᵉ RANGÉE.
1 maille pleine. — 3 légères, etc.
4ᵉ RANGÉE.
1 maille colonne prise dans la maille pleine. — 2 légères, etc.

Entourez le haut du sac par une rangée de mailles pleines très solides, puis faites 4 rangées pareilles à celles qui entourent le sac. Vous passerez les cordons dans la 1ʳᵉ rangée.

N° 12. Coussin.

Nous ne donnons ici que l'explication nécessaire à l'exécution du bouquet; pour faire un coussin, il faudra ajouter vingt mailles de chaque côté.

Ce dessin peut servir aussi pour aube ou devant d'autel, en le garnissant avec une des dentelles expliquées ci-dessus aux numéros 1, 2, 3, 4, 5, 6.

1ʳᵉ RANGÉE.
Mailles légères.

2ᵉ RANGÉE.
2 mailles légères. — 1 colonne. — 3 légères. — 1 colonne, etc., etc.

3ᵉ RANGÉE.
3 m. lég. — 1 colonne. — 3 légères.— 1 colonne.
3 id. — 1 id. — 3 id. — 1 id.
3 id. — 1 id. — 3 id. — 1 id.
3 id. — 1 id. — 3 id. — 1 id.
3 id. — 1 id. — 3 id. — 1 id.
3 id. — 1 id. — 3 id. — 2 id.
2 id. — 1 id. etc.

4ᵉ RANGÉE.
2 mailles légères. — 1 colonne. — 3 légères. — 1 colonne, etc., etc.

5ᵉ RANGÉE.
3 m. lég. — 1 colonne. — 3 légères.— 1 colonne.
3 id. — 1 id. — 3 id. — 1 id.
3 id. — 1 id. — 3 id. — 1 id.
3 id. — 1 id. — 3 id. — 1 id.
3 id. — 1 id. — 3 id. — 1 id.
3 id. — 1 id. — 3 id. — 1 id.
2 id. — 1 id. — 4 id. — 1 id.
3 id. — 1 id., etc., etc

6ᵉ RANGÉE.
2 m. lég. — 1 colonne. — 3 légères. — 1 colonne.
3 id. — 1 id. — 3 id. — 1 id.
3 id. — 1 id. — 2 id. — 2 id.
3 id. — 1 id. — 3 id. — 1 id.
3 id. — 1 id. — 3 id. — 1 id.
3 m. lég. — 1 colonne. — 3 légères. — 1 colonne.
4 id. — 1 id. — 2 id. — 1 id.
3 id. — 1 id., etc., etc.

7ᵉ RANGÉE.
3 m. lég. — 1 colonne. — 3 légères. — 1 colonne.
3 id. — 1 id. — 3 id. — 1 id.
3 id. — 5 id. — 4 id. — 4 id.
3 id. — 2 id. — 2 id. — 1 id.
3 id. — 1 id. — 3 id. — 1 id.
2 id. — 1 id. — 4 id. — 1 id.
3 id. — 1 id., etc., etc.

8ᵉ RANGÉE.
2 m. lég. — 1 colonne. — 3 légères. — 1 colonne.
3 id. — 1 id. — 3 id. — 1 id.
3 id. — 1 id. — 2 id. —13 id.
1 id. — 4 id. — 3 id. — 1 id.
3 id. — 1 id. — 3 id. — 2 id.
2 id. — 1 id., etc., etc.

9ᵉ RANGÉE.
3 m. lég. — 1 colonne. — 3 légères. — 1 colonne.
3 id. — 1 id. — 3 id. — 1 id.
3 id. — 1 id. — 3 id. — 5 id.
1 id. —11 id. — 3 id. — 1 id.
3 id. — 4 id. — 4 id. — 1 id.
3 id. — 1 id., etc., etc.

10ᵉ RANGÉE.
2 m. lég. — 1 colonne. — 3 légères. — 1 colonne.
3 id. — 1 id. — 3 id. — 1 id.
3 id. — 1 id. — 3 id. — 8 id.
3 id. — 1 id. — 3 id. —11 id.
2 id. — 2 id. — 2 id. — 1 id.
3 id. — 1 id., etc. etc.

11ᵉ RANGÉE.

3 m. lég.— 1 colonne.— 3 légères.— 1 colonne.
1 id. — 4 id. — 2 id. — 1 id.
3 id. — 1 id. — 4 id. — 9 id.
2 id. — 1 id. — 3 id. — 1 id.
3 id. — 4 id. — 1 id. — 1 id.
1 id. — 2 id. — 4 id. — 1 id.
3 id. — 1 id., etc., etc.

12ᵉ RANGÉE.

2 m. lég. — 1 colonne.— 3 légères.— 1 colonne.
3 id. — 1 id. — 2 id. — 7 id.
2 id. — 1 id. — 3 id. — 1 id.
4 id. —15 id. — 1 id. — 1 id.
2 id. — 2 id. — 2 id. — 1 id.
3 id. — 1 id,, etc., etc.

13ᵉ RANGÉE.

3 m. lég. — 1 colonne.— 3 légères.— 1 colonne.
2 id. —11 id. — 2 id. — 1 id.
3 id. —13 id. — 3 id. — 1 id.
1 id. — 1 id. — 3 id. — 2 id.
4 id. — 1 id., etc., etc.

14ᵉ RANGÉE.

2 m. lég. — 1 colonne.— 3 légères.— 1 colonne.
3 id. — 1 id. — 3 id. — 1 id.
4 id. — 2 id. — 1 id. — 2 id.
2 id. — 1 id. — 3 id. — 1 id.
3 id. — 1 id. — 3 id. — 1 id.
4 id. — 1 id. — 2 id. — 1 id.
3 id. — 1 id. — 1 id. — 1 id.
1 id. — 1 id. — 3 id. — 1 id.
4 id. — 1 id. — 5 id. — 3 id.
2 id. — 4 id., etc., etc.

15ᵉ RANGÉE.

4 m. lég.— 3 colonnes.— 4 légères.— 9 colonnes.
1 id. — 3 id. — 3 id. — 1 id.
3 id. — 1 id. — 3 id. — 1 id.
5 id. — 3 id. — 2 id. — 1 id.
3 id. — 1 id. — 3 id. — 1 id.
3 id. — 1 id. — 3 id. — 1 id.
1 id. — 3 id. — 2 id. — 9 id.
1 id. — 1 id., etc., etc.

16ᵉ RANGÉE.

2 m. lég.—12 colonnes.— 5 légères.— 3 colonnes.
1 id. — 5 id. — 1 id. — 1 id.
3 id. — 1 id. — 2 id. — 3 id.
2 id. — 1 id. — 2 id. — 1 id.
1 id. — 2 id. — 1 id. — 1 id.
3 id. — 1 id. — 3 id. — 1 id.
2 id. — 7 id. — 3 id. — 4 id.
4 id. — 1 id., etc., etc.

17ᵉ RANGÉE.

2 m. lég.— 1 colonne.— 3 légères.— 5 colonnes.
1 id. — 1 id. — 3 id. — 1 id.
3 m. lég.—16 colonnes.— 3 légères.— 1 colonne.
4 id — 2 id. — 1 id. — 1 id.
3 id. — 1 id. — 2 id. — 2 id.
3 id. - 4 id. — 4 id. — 9 id.
4 id.

18ᵉ RANGÉE.

3 m. lég.— 5 colonnes.— 3 légères.— 6 colonnes.
4 id. —10 id. — 4 id. — 1 id.
3 id. — 1 id. — 3 id. — 1 id.
1 id. — 2 id. — 4 id. — 1 id.
4 id. — 6 id. — 2 id. — 7 id.
4 id. — 1 id. — 4 id. — 1 id.
2 id.

19ᵉ RANGÉE.

2 m. lég.— 3 colonnes.— 2 légères.— 1 colonne.
2 id. —11 id. — 1 id. — 2 id.
3 id. — 1 id. — 3 id. — 1 id.
3 id. — 1 id. — 3 id. — 1 id.
2 id. — 1 id. — 1 id. — 1 id.
2 id. — 1 id. — 2 id. — 8 id.
1 id. —13 id. — 4 id. — 1 id.
4 id.

20ᵉ RANGÉE.

2 m. lég. — 1 colonne.— 3 légères.— 1 colonne.
3 id. — 1 id. — 2 id. —11 id.
2 id. — 1 id. — 3 id. — 1 id.
3 id. — 1 id. — 3 id. — 1 id.
3 id. — 1 id. — 3 id. — 9 id.
1 id. — 3 id. — 1 id. — 1 id.
1 id. — 7 id. — 5 id. — 1 id.
3 id., etc., etc.

21ᵉ RANGÉE.

3 m. lég.— 1 colonne. — 3 légères.— 1 colonne.
3 id. — 1 id. — 3 id. — 1 id.
2 id. — 4 id. — 1 id. — 1 id.
3 id. — 1 id. — 3 id. — 1 id.
5 id. — 1 id. — 3 id. — 2 id.
3 id. — 1 id. — 2 id. — 5 id.
1 id. — 4 id. — 1 id. — 2 id.
1 id. — 3 id. — 2 id. — 1 id.
3 id., etc., etc.

22ᵉ RANGÉE.

2 m. lég. — 1 colonne.— 3 légères.— 1 colonne.
3 id. — 1 id. — 1 id. — 8 id.
2 id. — 1 id. — 3 id. — 1 id.
3 id. — 1 id. — 3 id. — 1 id.
3 id. — 8 id. — 3 id. — 6 id.
1 id. — 5 id. — 2 id. — 3 id.
2 id. — 7 id. — 5 id. — 1 id.
2 id., etc., etc.

23ᵉ RANGÉE.

3 m. lég. — 1 colonne.— 3 légères.— 1 colonne.
3 id. — 1 id. — 1 id. — 2 id.
4 id. — 1 id. — 3 id. — 1 id.

3 m. lég. — 1 colonne. — 3 légères.— 1 colonne.
4 id. — 6 id. — 2 id. — 6 id.
2 id. — 6 id. — 2 id. — 5 id.
2 id. —10.

24e RANGÉE.

2 m. lég.— 1 colonne.— 3 légères.— 1 colonne
3 id. — 1 id. — 1 id. — 2 id.
4 id. — 1 id. — 2 id. — 7 id.
2 id. — 3 id. — 1 id. — 6 id.
2 id. — 1 id. — 2 id. — 3 id.
1 id. — 5 id. — 1 id. — 2 id.
2 id. — 7 id. — 2 id. — 4 id.
4 id. — 1 id.

25e RANGÉE.

3 m. lég.— 1 colonne.— 3 légères.— 1 colonne.
3 id. — 1 id. — 3 id. — 1 id.
3 id. —22 id. — 2 id. — 1 id.
2 id. — 8 id. — 3 id. — 1 id.
2 id. — 8 id. — 2 id. — 6 id.
3 id. — 1 id.

26e RANGÉE.

2 m. lég. — 1 colonne. — 3 légères.— 1 colonne.
3 id. — 1 id. — 3 id. — 1 id.
2 id. —27 id. — 3 id. — 2 id.
2 id. — 1 id. — 1 id. — 1 id.
2 id. — 1 id. — 4 id. — 3 id.
2 id. — 5 id. — 2 id. — 8 id.
3 id.

27e RANGÉE.

3 m. lég. — 1 colonne. — 3 légères.— 1 colonne.
3 id. — 1 id. — 5 id. — 7 id.
3 id. — 1 id. — 3 id. — 1 id.
3 id. — 3 id. — 2 id. — 9 id.
3 id. — 1 id. — 5 id. — 1 id.
3 id. — 1 id. — 3 id. — 1 id.
3 id. —10 id. — 3 id.

28e RANGÉE.

2 m. lég. — 1 colonne. — 3 légères.— 1 colonne.
3 id. — 1 id. — 4 id. — 8 id.
4 id. —11 id. — 3 id. — 6 id.
4 id. — 1 id. — 4 id. — 1 id.
5 id. — 1 id. — 4 id. — 1 id.
2 id. — 7 id. — 3

29e RANGÉE.

3 m. lég. — 1 colonne. — 3 légères.— 1 colonne.
3 id. — 1 id. — 2 id. — 6 id.
4 id. —15 id. — 4 id. — 6 id.
3 id. — 1 id. — 3 id. — 1 id.
3 id. — 1 id. — 3 id. — 1 id.
3 id. — 1 id. — 3 id. — 6 id.
3 id.

30e RANGÉE.

2 m. lég. — 1 colonne. — 3 légères.— 1 colonne.
3 id. — 1 id. — 4 id. — 4 id.

2 m. lég. —12 colonnes.— 2 légères. — 6 colonnes.
2 id. — 7 id. — 2 id. — 1 id.
4 id. — 1 id. — 3 id. — 1 id.
3 id. — 1 id. — 3 id. — 1 id.
4 id. — 4

31e RANGÉE.

3 m. lég. — 1 colonne. — 3 légères.— 1 colonne.
3 id. — 1 id. — 4 id. — 5 id.
1 id. —11 id. — 1 id. — 1 id.
1 id. — 8 id. — 2 id. — 6 id.
1 id. — 1 id. — 2 id. — 1 id.
3 id. — 1 id. etc.

32e RANGÉE.

2 m. lég. — 1 colonne. — 3 légères.— 1 colonne.
3 id. — 1 id. — 3 id. — 5 id.
1 id. — 3 id. — 3 id. —10 id.
2 id. — 1 id. etc.

33e RANGÉE.

3 m. lég. — 1 colonne. — 3 légères.— 1 colonne.
4 id. — 5 id. — 2 id. — 7 id.
4 id. — 6 id. — 2 id. — 7 id.
1 id. — 6 id. — 2 id. — 1 id.
1 id. — 1 id. etc.

34e RANGÉE.

2 m. lég. — 1 colonne. — 3 légères.— 1 colonne.
3 id. — 1 id. — 2 id. — 5 id.
2 id. — 5 id. — 2 id. — 1 id.
3 id. — 1 id. — 3 id. — 1 id.
2 id. — 2 id. — 1 id. — 6 id.
1 id. — 4 id. — 4 id. — 1 id.
2 id. — 1 id. etc.

35e RANGÉE.

3 m. lég. — 1 colonne. — 3 légères.— 1 colonne.
3 id. — 1 id — 3 id. — 3 id.
2 id. — 4 id. — 3 id. — 1 id.
3 id. — 1 id. — 4 id. — 3 id.
1 id. — 6 id. — 5 id. — 1 id.
2 id. — 2 id. etc.

36e RANGÉE.

2 m. lég. — 1 colonne. — 3 légères.— 1 colonne.
3 id. — 1 id. — 4 id. — 5 id.
1 id. — 2 id. — 1 id. — 3 id.
3 id. — 1 id. — 3 id. — 1 id.
2 id. — 3 id. — 1 id. — 3 id.
1 id. — 3 id. — 2 id. — 1 id.
3 id. — 1 id. — 1 id. — 3 id.
3 id. — 1 id. etc.

37e RANGÉE.

3 m. lég. — 1 colonne. — 3 légères.— 1 colonne.
3 id. — 1 id. — 4 id. — 6 id.
1 id. — 4 id. — 4 id. — 1 id.
4 id. — 5 id. — 2 id. — 4 id.
4 id. — 1 id. — 5 id. — 4 id.
4 id. — 1 id. etc.

38ᵉ RANGÉE.

```
2 m. lég. — 1 colonne. — 3 légères.— 1 colonne.
3  id.  — 1  id.  — 3  id.  — 1  id.
5  id.  — 1  id.  — 1  id.  — 4  id.
3  id.  —11  id.  — 2  id.  — 1  id.
2  id.  — 7  id.  — 2  id.  — 1  id.
3  id.  — 1  id.  — 2  id.  — 5  id.
2  id.  — 5  id.  — 1  id.  — 1  id.
3  id.  — 1  id.  etc.
```

39ᵉ RANGÉE.

```
3 m. lég. — 1 colonne. — 3 légères.— 1 colonne.
3  id.  — 1  id.  — 5  id.  — 1  id.
3  id.  — 1  id.  — 1  id.  —10  id.
2  id.  — 1  id.  — 2  id.  — 7  id.
4  id.  — 1  id.  — 3  id.  — 1  id.
3  id.  — 1  id.  — 1  id.  —16  id.
2  id.  — 1  id.
```

40ᵉ RANGÉE.

```
2 m. lég. — 1 colonne. — 4 légères. — 3 colonnes.
4  id.  — 1  id.  — 4  —  — 5  id.
2  id.  — 4  id.  — 1  —  —11  id.
4  id.  — 1  id.  — 3  —  — 1  id.
5  id.  — 1  id.  — 3  —  —12  id.
1  id.  — 7  id.
```

41ᵉ RANGÉE.

```
5 m. lég. — 1 colonne. — 3 légères.—14 colonnes.
1  id.  — 3  id.  — 6  id.  — 5  id.
1  id.  — 2  id.  — 3  id.  — 1  id.
3  id.  — 1  id.  — 3  id.  — 1  id.
3  id.  — 7  id.  — 2  id.  — 6  id.
1  id.  — 2  etc.
```

42ᵉ RANGÉE.

```
2 m. lég. — 1 colonne. — 3 légères. — 1 colonne.
5  id.  — 6  id.  — 2  id.  — 1  id.
2  id.  — 4  id.  — 6  id.  — 1  id.
4  id.  — 2  id.  — 1  id.  — 5  id.
3  id.  — 1  id.  — 3  id.  — 1  id.
3  id.  — 1  id   — 1  id.  — 2  id.
1  id.  — 3  id.  — 2  id.  — 1  id.
2  id.  — 4  id.  — 3  id.  — 1  id.
5  id.  — 1  id.
```

43ᵉ RANGÉE.

```
4 m. lég. — 9 colonnes.— 3 légères.— 1 colonne.
2  id.  — 5  id.  — 4  id.  — 1  id.
3  id.  — 1  id.  — 2  id.  — 2  id.
1  id.  —11  id.  — 4  id.  — 1  id.
2  id.  — 4  id.  — 1  id.  — 4  id.
1  id.  — 1  id.  — 2  id.  — 3  id.
1  id.  — 1  id.  etc.
```

44ᵉ RANGÉE.

```
2 m. lég. — 1 colonne, — 4 légères.— 4 colonnes.
5  id.  — 9 [illegible] id.  — 1  id.
5  id.  — [illegible] 2  id.  — 2  id.
3  id.  — [illegible] —10  id.
5 m. lég. — 5 colonnes.— 2 légères.—5 colonnes
2  id.  — 2  id.  etc.
```

45ᵉ RANGÉE.

```
4 m. lég. —16 colonnes.— 2 légères. — 1 colonne.
5  id.  — 1  id.  — 3  id.  — 1 colonne.
4  id.  — 4  id.  — 1  id.  — 5  id.
5  id.  — 1  id.  — 3  id.  — 2  id.
2  id.  — 1  id.  — 3  id.  — 1  id.
1  id.  — 8  id.  etc.
```

46ᵉ RANGÉE.

```
3 m. lég. —10 colonnes.— 3 légères.— 2 colonnes.
2  id.  — 1  id.  — 3  id.  — 1  id.
4  id.  — 1  id.  — 5  id.  — 4  id.
3  id.  — 8  id.  — 5  id.  — 1  id.
4  id.  — 1  id.  — 5  id.  — 1  id.
2  id.  —10  id.
```

47ᵉ RANGÉE.

```
2 m. lég. — 3 colonnes.— 2 légère. — 1 colonne.
2  id.  — 2  id.  — 3  id.  — 1  id.
4  id.  — 2  id.  — 1  id.  —11  id.
4  id.  — 2  id.  — 3  id.  — 1  id.
2  id.  — 5  id.  — 3  id.  —11  id.
4  id.  — 1  id.  — 3  id.  — 1  id.
4  id.  — 3  id.  — 2  id.  — 2  id.
3  id.  — 1
```

48ᵉ RANGÉE.

```
2 m. lég. — 1 colonne. — 3 légères.— 1 colonne.
3  id.  — 1  id.  — 3  id.  — 1  id.
3  id.  — 1  id.  — 1  id.  — 4  id.
2  id.  — 1  id.  — 1  id.  — 2  id.
2  id.  — 1  id.  — 4  id.  — 6  id.
4  id.  — 5  id.  — 2  id.  — 1  id.
3  id.  — 1  id.  — 5  id.  — 1  id.
3  id.  — 1  id.  — 3  id.  — 2  id.
3  id.  — 1
```

49ᵉ RANGÉE.

```
3 m. lég. — 1 colonne. — 3 légères.— 1 colonne.
3  id.  — 1  id.  — 3  id.  — 1  id.
2  id.  — 6  id.  — 1  id.  — 2  id.
2  id.  — 1  id.  — 3  id.  — 1  id.
1  id.  — 8  id.  — 5  id.  — 9  id.
2  id.  — 1  id.
```

50ᵉ RANGÉE.

```
2 m. lég. — 1 colonne. — 3 légères.— 1 colonne.
3  id.  — 1  id.  — 3  id.  — 1  id.
3  id.  — 9  id.  — 5  id.  — 1  id.
3  id.  — 2  id.  — 1  id.  — 9  id.
4  id.  —11  id.
```

51ᵉ RANGÉE.

```
3 m. lég. — 1 colonne. — 3 légères.— 1 colonne.
3  id.  —10  id.  — 3  id.  —11  id.
1  id.  — 1  id.  — 2  id.  —12  id.
4  id.  — 6  id.
```

52e RANGÉE.

2 m. lég. — 1 colonne. — 3 légères. — 1 colonne.
5 id. — 1 id. — 2 id. — 6 id.
5 id. — 1 id. — 3 id. — 7 id.
1 id. — 1 id. — 4 id. — 2 id.
1 id. —12 id. — 4 id. — 5 id.
3 id. — 1 id.

53e RANGÉE.

3 m. lég — 1 colonne. — 3 légères. — 1 colonne.
3 id. — 1 id. — 2 id. — 4 id.
4 id. — 1 id. — 3 id. — 5 id.
1 id. — 1 id. — 3 id. — 1 id.
1 id. — 1 id. — 4 id. —15 id.
2 id. — 5 id.

54e RANGÉE.

2 m. lég. — 1 colonne. — 3 légères. — 1 colonne.
3 id. — 1 id. — 3 id. — 1 id.
1 id. — 5 id. — 3 id. — 5 id.
5 id. — 1 id. — 3 id. — 1 id.
5 id. — 2 id. — 3 id. — 5 id.
2 id. —10 id.

55e RANGÉE.

3 m. lég. — 1 colonne. — 3 légères. — 1 colonne.
3 id. — 1 id. — 3 id. —15 id.
1 m. lég. — 1 colonne. — 3 légères. — 1 colonne.
3 id. — 1 id. — 3 id. — 1 id.
5 id. — 3 id. — 3 id. —11 id.
5 id. — 1 id.

56e RANGÉE.

2 m. lég. — 1 colonne. — 3 légères. — 1 colonne.
3 id. — 1 id. — 5 id. — 6 id.
3 id. — 8 id. — 5 id. — 1 id.
3 id. — 1 id. — 3 id. — 1 id.
3 id. — 2 id. — 2 id. — 1 id.
3 id. — 1 id. etc.

57e RANGÉE.

3 m. lég. — 1 colonne. — 3 légères. — 1 colonne.
3 id. — 1 id. — 4 id. — 4 id.
3 id. — 1 id. etc.

58e RANGÉE.

2 m. lég. — 1 colonne. — 3 légères. — 1 colonne.
3 id. — 1 id. — 3 id. — 1 id.
2 id. — 2 id. etc.

59e RANGÉE.

3 m. lég. — 1 colonne, etc.

60e RANGÉE.

2 m. lég. — 1 colonne. — 3 légères. — 1 colonne, etc., etc.

N° 13. Bande au crochet.

Cette bande peut servir pour faire une bourse, une ménagère ou un sac.

Faites plusieurs bandes de la longueur nécessaire à l'objet que vous voulez exécuter; vous les réunirez ensuite par quatre rangées de points colonne, de la couleur du fond de la bande.

N° 14. Bourse au crochet.

Cette bourse doit être exécutée en soie bleue, avec les dessins en or et soie blanche; vous pouvez, si vous le préférez, nuancer les arabesques de plusieurs couleurs.

Pour que la bourse soit d'une largeur convenable, répétez deux fois le dessin.

Pour une bourse longue, ajoutez trois ou quatre rangées de points colonne pour la fente, et soixante rangées de points colonne pour le haut de la bourse.

N° 15. Bande au crochet.

Voir l'explication du n° 13.

N° 16. Bourse au crochet.

Nuancez cette bourse avec un grand nombre de couleurs.

Vous ferez la bordure noire et cerise, le fond vert, les anneaux en or ou en soie jaune, les palmes de quatre couleurs au moins.

Les n°s 14, 15 et 16 peuvent être exécutés en tapisserie et servir à faire des sacs de campagne, des coussins, etc.

N°s 17, 18, 19.

Ces dessins s'exécutent en filet carré ; on les brode en reprise avec du fil plat. Ils sont destinés à couvrir des coussins, des pelotes, etc. Il faut de la chaîne de coton n° 10 et un moule de bois n° 8.

Pour le filet carré on commence par une maille dans laquelle on en fait deux ; le tour d'après on augmente d'une maille, et toujours ainsi à la fin de chaque rangée jusqu'à ce que l'on en ait 70 pour les n°s 17 et 18, et 72 pour le n° 19 ; alors on diminue d'une maille à chaque tour jusqu'à ce que le carré soit achevé.

Ces trois dessins peuvent s'exécuter en tapisserie à teintes plates.

N°s 20, 21, 22.

Bourses en filet à broder avec perles.

TRICOTS.

Explications des différents termes employés dans les tricots suivants.

Augmentée. — Passez le fil devant l'aiguille si vous tricotez à l'endroit ; passez-le derrière l'aiguille si vous tricotez à l'envers.

2 ou 3 augmentées. — Tournez le fil deux ou trois fois autour de l'aiguille.

Rétrécie. — Prenez deux mailles à la fois.

Surjetée. — Prenez une maille sans la tricoter, tricotez la maille suivante, jetez la maille non tricotée sur celle qui est tricotée.

Surjetée sur rétrécie. — Prenez une maille sans la tricoter, prenez deux mailles à la fois, tricotez-les et jetez la maille non tricotée sur la rétrécie.

Maille tournée à l'envers. — Allez chercher le côté de la maille opposé à celui que vous tricotez ordinairement, et tricotez votre maille ainsi tournée.

Maille tournée à l'endroit. — Passez l'aiguille dans le milieu de la maille, de manière à la faire sortir derrière l'aiguille de la main gauche, et tricotez.

N° 23. Tricot gaze.

Divisez le nombre des mailles par 4 et 2 pour les deux lisières.

1ᵉʳ TOUR, A L'ENDROIT.

1 maille unie. — .'. 1 augmentée. — 1 surjetée. — 2 unies. (Retournez au signe.) — 1 unie.

2ᵉ TOUR, A L'ENVERS.

2 mailles unies. — .'. 1 rétrécie. — 1 augmentée. — 2 unies. (Retournez au signe.) — 1 unie.

3ᵉ TOUR, A L'ENDROIT.

2 mailles unies. — .'. 1 augmentée. — 1 surjetée. — 2 unies. (Retournez au signe.) — 1 unie.

4ᵉ TOUR, A L'ENVERS.

1 unie. — .'. 1 rétrécie. — 1 augmentée. — 2 unies. (Retournez au signe.) — 1 unie.

5ᵉ TOUR, A L'ENDROIT.

1 maille unie. — .'. 1 rétrécie. — 1 augmentée. — 2 unies. (Retournez au signe.) — 1 unie.

6ᵉ TOUR, A L'ENVERS.

2 mailles unies. — .'. 1 rétrécie. — 1 augmentée. — 2 unies. (Retournez au signe.) — 1 unie.

7ᵉ TOUR, A L'ENDROIT.

2 mailles unies. — .'. 1 augmentée. — 2 unies. — 1 rétrécie. (Retournez au signe.) — 1 unie.

8ᵉ TOUR, A L'ENVERS.

3 mailles unies. — .'. 1 rétrécie. — 1 augmentée. — 2 unies. (Retournez au signe.) — 1 unie.
Recommencez au 1ᵉʳ tour.

N° 24. Tricot pour coussin.

Divisez le nombre des mailles par 14 et 4 pour les deux lisières.

1ᵉʳ TOUR, A L'ENDROIT.

1 maille unie. — 1 rétrécie. — .'. 5 unies. — 1 augmentée. — 1 unie. — 1 augmentée. — 5 unies. — 1 surjetée sur rétrécie. (Retournez au signe.) — 1 maille unie.

2ᵉ TOUR.

Tricotez à l'envers simplement.

3ᵉ TOUR, A L'ENDROIT.

1 maille unie. — 1 rétrécie. — .'. 4 unies. — 1 augmentée. — 3 unies. — 1 augmentée. — 4 unies. — 1 surjetée sur rétrécie. (Retournez au signe.) — 1 maille unie.

4ᵉ TOUR, A L'ENVERS.

5ᵉ TOUR, A L'ENDROIT.

1 maille unie. — 1 rétrécie. — .'. 3 unies. — 1 augmentée. — 2 unies. — 1 augmentée. — 1 surjetée. — 1 unie. — 1 augmentée. — 3 unies. — 1 surjetée sur rétrécie. (Retournez au signe.) — 1 maille unie.

6ᵉ TOUR, A L'ENVERS.

7ᵉ TOUR, A L'ENDROIT.

1 maille unie — 1 rétrécie. — .'. 2 unies. — 1 augmentée. — 1 unie. — 1 augmentée. — 1 unie. — 1 surjetée sur rétrécie. — 1 unie. — 1 augmentée. — 1 unie. — 1 augmentée. — 2 unies. — 1 surjetée sur rétrécie. (Retournez au signe.) — 1 maille unie.

8ᵉ TOUR, A L'ENVERS.

9ᵉ TOUR, A L'ENDROIT.

1 maille unie. — 1 rétrécie. — .'. 1 augmentée. — 3 unies. — 1 augmentée. — 1 surjetée sur rétrécie. — 1 augmentée. — 3 unies. — 1 augmentée. — 1 unie. — 1 surjetée sur rétrécie (Retournez au signe.) — 1 maille unie.
Recommencez au 1ᵉʳ tour.

N° 25. Tricot à colonne.

Divisez le nombre des mailles par 16 et 2 pour les lisières.

1ᵉʳ TOUR, A L'ENDROIT.

1 maille unie. — .'. 1 rétrécie. — 1 augmentée. — 2 unies. — 1 rétrécie. — 1 augmentée. — 2 unies. — 1 rétrécie. — 1 augmentée. — 2 unies. — 1 tournée à l'envers. — 1 unie. — 1 tournée à l'envers. — 1 unie. (Retournez au signe.) — Finissez par une maille unie.

2ᵉ TOUR, A L'ENVERS.

1 maille unie. — .'. 1 tournée à l'endroit. — 1 unie. — 1 tournée à l'endroit. — 1 unie. — 1 rétrécie. — 1 augmentée. — 2 unies. — 1 rétrécie. — 1 augmentée. — 2 unies. — 1 rétrécie. — 1 augmentée. — 2 unies. — 1 rétrécie. — 1 augmentée. — 2 unies. (Retournez au signe.) — 1 unie.

3e TOUR, *comme le 1er*.

4e TOUR, *comme le 2e*.

5e TOUR, *comme le 1er*.

6e TOUR, *comme le 2e*.

7e TOUR, *comme le 1er*.

8e TOUR, *comme le 2e*.

9e TOUR, A L'ENDROIT.

1 maille unie. — .·. 1 rétrécie. — 1 augmentée. — 1 unie. — Laissez tomber 5 mailles ; prenez sur l'aiguille, de la main droite, les 5 mailles suivantes ; reprenez sur l'aiguille, de la main gauche, les 5 mailles tombées ; croisez les deux aiguilles, en faisant passer l'aiguille de droite dessous l'aiguille de gauche, et prenez avec l'aiguille, de la main gauche, les 5 mailles qui sont sur celle de la main droite ; tricotez maintenant, 1 maille unie. — 1 rétrécie. — 1 augmentée. — 1 rétrécie. — 1 augmentée. — 1 rétrécie. — 1 augmentée. — 2 unies. — 1 tournée à l'envers. — 1 unie. — 1 tournée. — 1 unie. (Retournez au signe.) — 1 unie.

10e TOUR, A L'ENVERS.

1 maille unie. — .·. 1 tournée à l'endroit. — 1 unie. — 1 tournée. — 1 unie. — 1 rétrécie. — 1 augmentée. — 2 unies. — 1 rétrécie. — 1 augmentée. — 2 unies. — 1 rétrécie. — 1 augmentée. — 2 unies. (Retournez au signe.) — 1 maille unie.

Recommencez au 1er tour.

N° 26. Dentelle.

Montez 13 mailles.

1er TOUR.

1 maille unie. — 1 tournée à l'envers. — 2 unies. — 1 augmentée. — 1 rétrécie. — 2 unies. — 1 augmentée. — 1 rétrécie. — 1 augmentée — 1 rétrécie. — 1 à l'envers.

2e TOUR.

1 maille sans la tricoter. — 10 unies. — 2 tournées à l'envers.

3e TOUR.

1 unie. — 1 tournée. — 1 augmentée. — 1 rétrécie. — 1 à l'envers. — 1 unie. — 2 augmentées. — 1 rétrécie. — 1 augmentée. — 1 rétrécie. — 1 augmentée. — 3 unies.

4e TOUR.

1 sans tricoter. — 6 unies. — 1 tournée à l'envers. — 5 unies. — 2 tournées à l'envers.

5e TOUR.

1 unie. — 1 tournée à l'envers. — 1 à l'envers. — 1 unie. — 1 augmentée. — 1 rétrécie. — 1 à l'envers. — 3 unies. — 1 augmentée. — 1 rétrécie. — 1 augmentée. — 1 rétrécie. — 1 unie.

6e TOUR.

1 sans tricoter. — 12 unies. — 2 tournées à l'envers.

7e TOUR.

1 unie. — 1 tournée à l'envers. — 1 augmentée. — 1 rétrécie. — 1 à l'envers. — 1 unie. — 2 augmentées. — 2 unies. — 1 rétrécie. — 1 augmentée. — 1 rétrécie. — 1 augmentée. — 3 unies.

8e TOUR.

1 sans tricoter. — 6 unies. — 2 à l'envers. — 1 tournée à l'envers — 5 unies. — 2 tournées à l'envers.

9e TOUR.

1 unie. — 1 tournée. — 1 à l'envers. — 1 unie. — 1 augmentée. — 1 rétrécie. — 1 à l'envers. — 5 unies. — 1 augmentée. — 1 rétrécie. — 1 augmentée. — 1 rétrécie. — 1 unie.

10e TOUR.

1 sans la tricoter. — 6 unies. — 3 à l'envers — 5 unies. — 2 tournées à l'envers.

11e TOUR.

1 unie. — 1 tournée à l'envers. — 1 augmentée. — 1 rétrécie. — 1 à l'envers. — 1 unie. — 2 augmentées. — 4 unies. — 1 rétrécie. — 1 augmentée. — 1 rétrécie. — 1 augmentée. — 3 unies.

12e TOUR.

1 sans tricoter. — 6 unies. — 4 à l'envers. — 1 tournée à l'envers. — 5 unies. — 2 tournées à l'envers.

13e TOUR.

1 unie. — 1 tournée. — 1 à l'envers. — 1 unie. — 1 augmentée. — 1 rétrécie — 1 à l'envers. — 7 unies. — 1 augmentée. — 1 rétrécie. — 1 augmentée. — 1 rétrécie. — 1 unie.

14e TOUR.

1 sans tricoter. — 6 unies. — 5 à l'envers. — 7 unies.

15e TOUR.

6 rabattues. — 5 unies. — 1 rétrécie. — 1 augmentée. — 1 rétrécie. — 1 augmentée. — 3 unies.

16e TOUR.

1 sans tricoter. — 6 unies. — 4 à l'envers. — 2 tournées à l'envers.

Recommencez au premier tour.

Nº 27. Dentelle.

Montez 14 mailles.

1er TOUR.

1 maille unie. — 1 tournée à l'envers. — 2 augmentées. — 1 rétrécie. — 2 unies. — 1 rétrécie. — 1 augmentée. — 1 unie. — 1 rétrécie. — 1 augmentée. — 1 unie.

2e TOUR.

1 sans la tricoter. — 1 rétrécie. — 1 augmentée. — 1 unie. — 1 rétrécie. — 1 augmentée. — 2 unies. — 3 à l'envers. — 1 tournée à l'envers. — 1 unie. — 2 tournées.

3e TOUR.

1 unie. — 1 tournée à l'envers. — 1 unie. — 1 à l'envers. — 3 unies. — 1 rétrécie. — 1 augmentée. — 1 unie. — 1 rétrécie. — 1 augmentée. — 3 unies.

4e TOUR.

1 sans la tricoter. — 1 rétrécie. — 1 augmentée. — 1 unie. — 1 rétrécie. — 1 augmentée. — 2 unies. — 5 à l'envers. — 2 tournées.

5e TOUR.

1 unie. — 1 tournée à l'envers. — 1 unie. — 2 augmentées. — 1 rétrécie. — 2 unies. — 1 rétrécie. — 1 augmentée. — 1 unie. — 1 rétrécie. — 1 augmentée. — 3 unies.

6e TOUR.

1 maille sans tricoter. — 1 rétrécie. — 1 augmentée. — 1 unie. — 1 rétrécie. — 1 augmentée. — 2 unies. — 3 à l'envers. — 1 tournée à l'envers. — 2 à l'envers. — 2 tournées à l'envers.

7e TOUR.

1 maille unie. — 1 tournée à l'envers. — 1 unie. — 1 à l'envers. — 4 unies. — 1 rétrécie. — 1 augmentée. — 1 unie. — 1 rétrécie. — 1 augmentée. — 3 unies.

8e TOUR.

1 sans tricoter. — 1 rétrécie. — 1 augmentée. — 1 unie. — 1 rétrécie. — 1 augmentée. — 2 unies. — 6 à l'envers. — 2 tournées à l'envers.

9e TOUR.

1 maille unie. — 1 tournée à l'envers. — 1 unie. — 1 augmentée. — 1 rétrécie. — 3 unies. — 1 rétrécie. — 1 augmentée. — 1 unie. — 1 rétrécie. — 1 augmentée. — 3 unies.

10e TOUR.

1 sans tricoter. — 1 rétrécie. — 1 augmentée. — 1 unie. — 1 rétrécie. — 1 augmentée. — 2 unies. — 4 à l'envers. — 1 tournée à l'envers. — 2 à l'envers. — 2 tournées à l'envers.

11e TOUR.

1 maille unie. — 1 tournée à l'envers. — 1 unie. — 1 à l'envers. — 5 unies. — 1 rétrécie. — 1 augmentée. — 1 unie. — 1 rétrécie. — 1 augmentée. — 3 unies.

12e TOUR.

1 sans tricoter. — 1 rétrécie. — 1 augmentée. — 1 unie. — 1 rétrécie. — 1 augmentée. — 2 unies. — 7 à l'envers. — 2 tournées à l'envers.

13e TOUR.

Rabattez 3 mailles. — 5 unies. — 1 rétrécie. — 1 augmentée. — 1 unie. — 1 rétrécie. — 1 augmentée. — 3 unies.

14e TOUR.

1 sans tricoter. — 1 rétrécie. — 1 augmentée. — 1 unie. — 1 rétrécie. — 1 augmentée. — 2 unies. — 4 à l'envers. — 2 tournées à l'envers.

Recommencez au 1er tour.

FIN.

Typ. d'E. Duverger, rue de Verneuil, nº 4.

JOURNAL
DES JEUNES PERSONNES

PUBLIÉ

SOUS LA DIRECTION MORALE ET LITTÉRAIRE

DE

Mlle S. ULLIAC TRÉMADEURE

Paraissant le 1er de chaque Mois

Par livraison de 2 feuilles d'impression (32 pages), à 2 colonnes

EXTRAIT DE LA TABLE DES MATIÈRES
Du 1er Volume de la 2e Série

ÉDUCATION.

RELIGION ET MORALE. — LE LEGS D'UN PÈRE.— Religion. — Beauté morale. — Laideur morale. — Le Caractère. — Occupations. — Talents. — Plaisirs. — Le Monde. — Affections. — L'Épouse. — La Vieille fille. — La Mère.

NOUVELLES. — ESQUISSES. — TABLEAUX DE GENRE. Valérie, ou les premiers Chrétiens. — Le premier Bal. — Les Ato-crocs. — Lina. — Les deux Devises. — Les deux Fiancées. — Le Piano magique. Régine. — Béatrix. — L'Asile Saint-Hilaire. — — Julie. — L'Enfant de l'Hospice. — Le Paysan et l'Avocat. — Une Haine héréditaire. — La Destinée.

INSTRUCTION.

POÉSIES par MM. de Chateaubriand, Turquety, Émile Souvestre, Prosper Blanchemain, et mesdames Tastu, Ségalas, baronne de Menainville, etc., etc.

HISTOIRE. — Curiosités historiques. — Énigmes historiques. — Hedvige, reine de Pologne, etc., etc.

LITTÉRATURE. — Le Jardin de la Perse. — Les Dix Jours de l'empereur Séged, Croma, le Gant, etc.

BEAUX-ARTS. — SCIENCES ET INDUSTRIE. — Salon de 1847. — Les Fleurs. — Le Nankin, etc.

VOYAGES. — Bananée. — La Merveille de Louvain. — Le Carnaval à Rome. — La Semaine sainte et les Fêtes de Pâques à Rome. — L'Etna et la ville de Bronte. — Les Femmes turques à Smyrne. — Esnande. — De Vienne à Trieste. — La Foire de Makarief. — Pachamac, le Temple du Soleil. — Souvenirs d'un Voyageur. — Les Lavandières de nuit. — La Pierre du Parvis.

MODES ET TRAVAUX A L'AIGUILLE. — Plus de trois cents dessins de broderies, travaux à l'aiguille, grands et petits patrons, tapisserie coloriée, etc. — Charades, énigmes.

ÉCONOMIE DOMESTIQUE. — Recettes de tous les genres, etc., etc.

REVUES DU MOIS. — VARIÉTÉS. — ALBUM. — CAUSERIES.

Rien de plus varié que la rédaction de ce beau volume orné de 30 planches de Modes coloriées, de Broderies, de Tapisseries coloriées, de Gravures sur acier, de Musique inédite. C'est un charmant cadeau d'étrennes à offrir pour l'année 1848.

<table>
<tr><td valign="top" width="50%">

PREMIÈRE ÉDITION.

Les abonnés à LA PREMIÈRE ÉDITION reçoivent, dans le courant de l'année :

Douze livraisons de deux feuilles d'impression chacune;
6 planches de modes coloriées, dessinées par Jules David, et gravées par les premiers artistes;
4 magnifiques gravures au burin, sur acier, et lithographiées;
4 morceaux de musique inédite, romances, valses, etc.;
4 belles planches de tapisserie coloriées sur papier canevas, contenant trente dessins variés;
2 planches de broderie au passé entièrement coloriées;
12 planches grand in-folio de dessins de broderie, travaux à l'aiguille, patrons de grandeur nature, etc.;

Total. **32** planches variées.

</td><td valign="top" width="50%">

DEUXIÈME ÉDITION.

Les abonnés à LA SECONDE ÉDITION reçoivent, dans le courant de l'année :

Douze livraisons de deux feuilles d'impression chacune;

4 gravures de modes coloriées, dessinées par Jules David;
4 belles gravures sur acier et lithographiées.
4 morceaux de musique;
2 planches de broderie au passé entièrement coloriées;
12 demi-feuilles de dessins de broderie et travaux à l'aiguille.

Total. **26** planches variées.

</td></tr>
</table>

ORDRE DES MATIÈRES.

<table>
<tr><td valign="top" width="50%">

ÉDUCATION.

Religion et Morale — Légendes. — Scènes du monde réel, ancien et moderne. — Nouvelles — Traditions — Récits. — Esquisses.

INSTRUCTION.

POÉSIE.
Extraits choisis des poètes anciens et modernes. — Contes. — Fables.

HISTOIRE.
Histoire ancienne et moderne. — Curiosités historiques. — Chronologie AMUSANTE. — Énigmes historiques.

LITTÉRATURE.
LECTURES CHOISIES. — Fragments de littérature. — Contes. — Apologues. — LIVRES NOUVEAUX.

</td><td valign="top" width="50%">

BEAUX-ARTS.
Revue du Salon. — OEuvres musicales. — Artistes et compositeurs célèbres.

VOYAGES.
Excursions en France. — Coutumes encore en usage. — Phénomènes curieux. — Souvenirs de voyages. — Mœurs étrangères.

SCIENCES ET INDUSTRIE.
Faits nouveaux et remarquables — Découvertes récentes. — Inventions et procédés de l'industrie française et étrangère.

MODES.
Ouvrages en vogue. — Broderie. — Tapisserie. — Patrons de tous les genres.

ALBUM. — VARIÉTÉS. — CAUSERIES.

</td></tr>
</table>

MODE D'ABONNEMENT.

À Paris, s'adresser au Bureau central du JOURNAL DES JEUNES PERSONNES, rue Férou, 15, et rue Neuve-Vivienne, 43.

1° Envoyer *franco* un bon sur la poste ou un mandat à vue sur Paris, à l'ordre du Directeur-Gérant du JOURNAL DES JEUNES PERSONNES;

2° S'adresser aux bureaux des Messageries royales et générales, qui font les abonnements sans augmentation de prix;

3° S'adresser à tous les Libraires de la France et de l'étranger.

L'abonnement pour l'année part du 1er Janvier.

PRIX DE L'ABONNEMENT

<table>
<tr><td valign="top" width="50%">

PREMIÈRE ÉDITION

Pour Paris. . . . . 10 fr.
Pour les départements. . . . 12
Pour l'étranger 14

</td><td valign="top" width="50%">

SECONDE ÉDITION

Pour Paris. . . . . 6 fr.
Pour les départements. . . . 8
Pour l'étranger. 10

</td></tr>
</table>

Le 1er Volume de la 2e Série est en vente aux mêmes prix que ci-dessus.

1re SÉRIE DU JOURNAL DES JEUNES PERSONNES.

COLLECTION DES QUATORZE PREMIÈRES ANNÉES.

Le prix de ces quatorze premières années serait maintenant de 84 fr., à Paris, mais un nouveau tirage nous permet de les donner (*édition sans aucune planches*) au prix réduit de 30 fr., pris à Paris, et 32 fr., *franc de port.*

Il reste encore quelques *années*, avec les diverses planches; CHACUNE de ces années, achetée *séparément*, est du prix de 6 fr. 50 cent. à Paris, et 8 fr. *franc de port.*

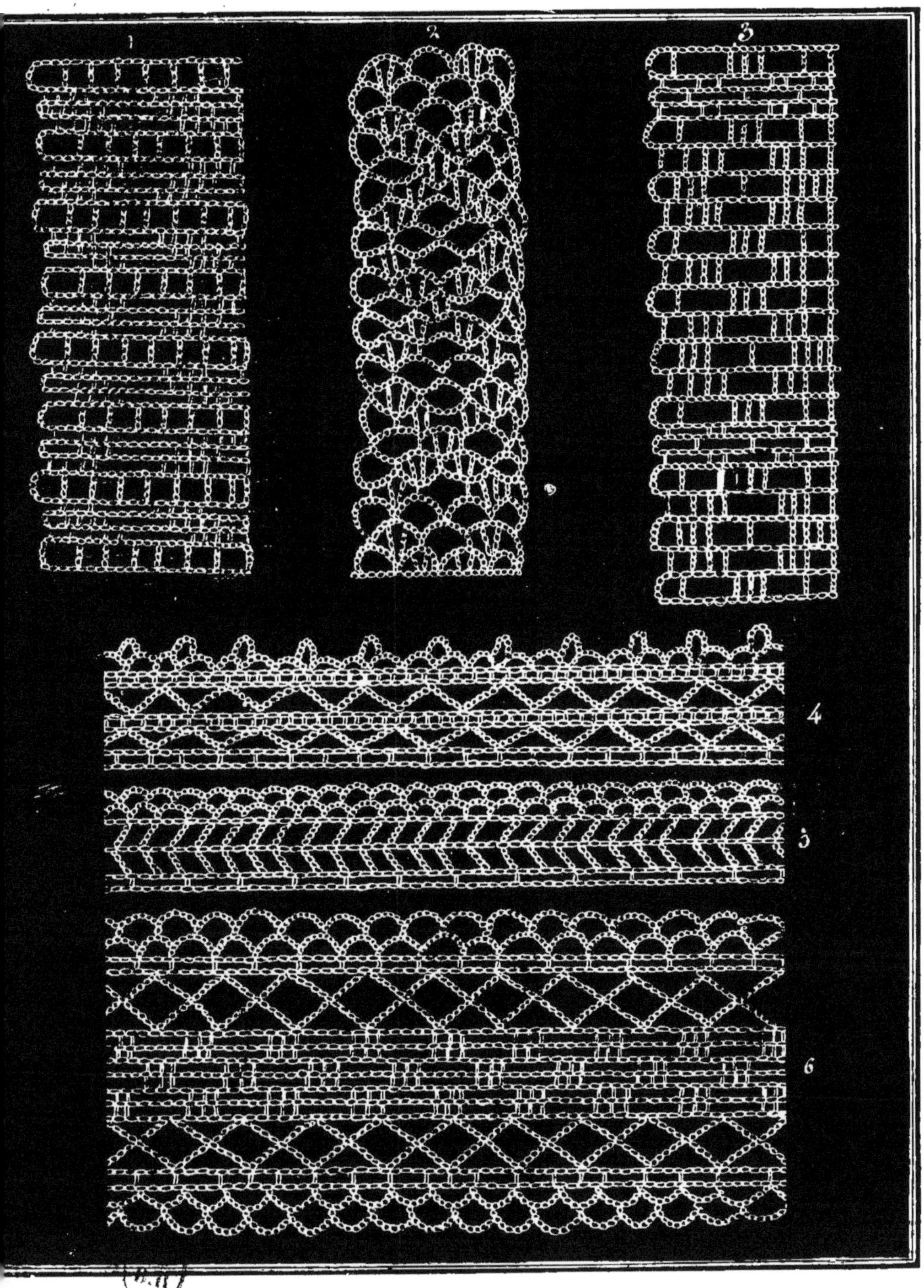

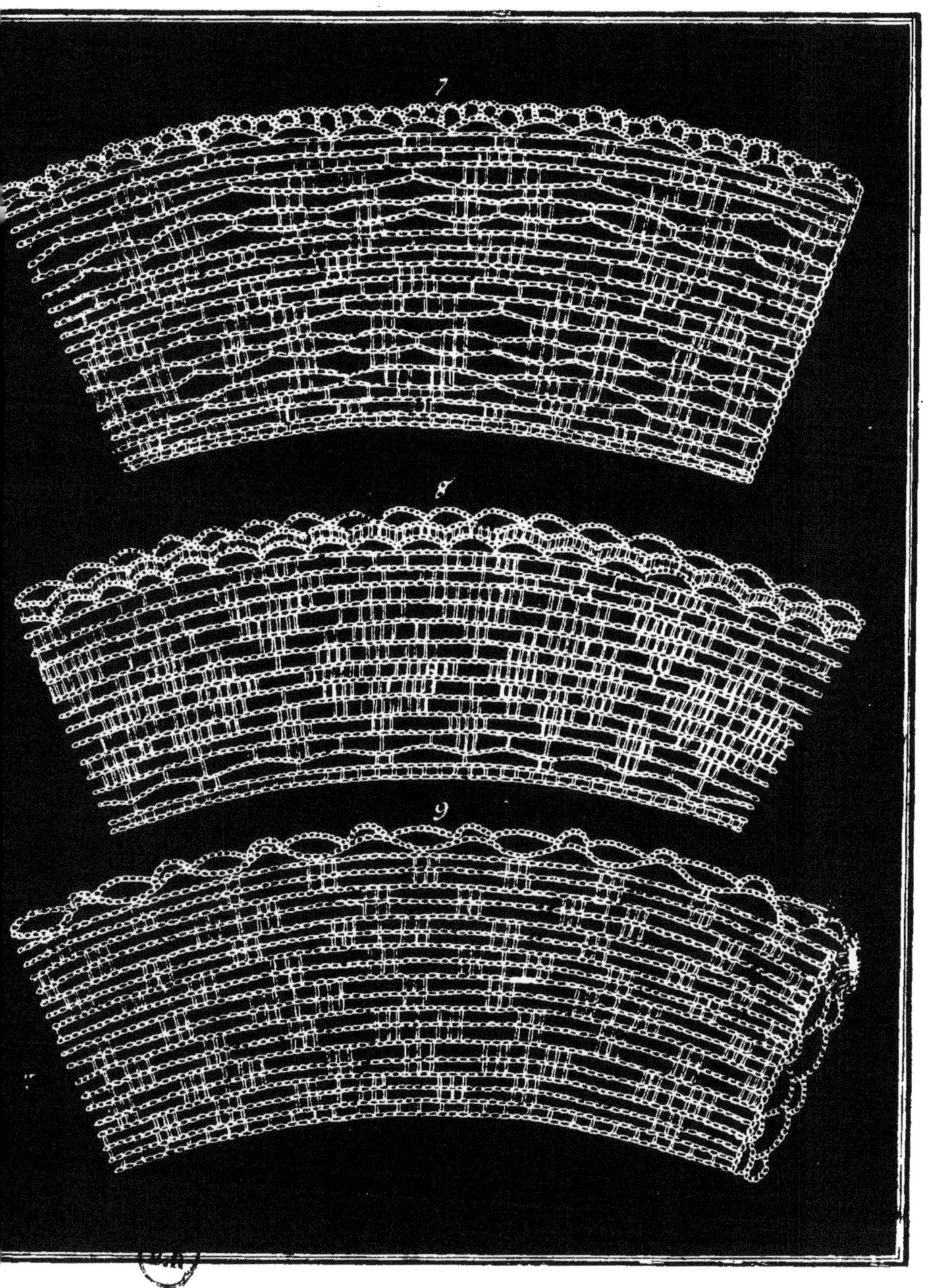
7
8
9

10 
11

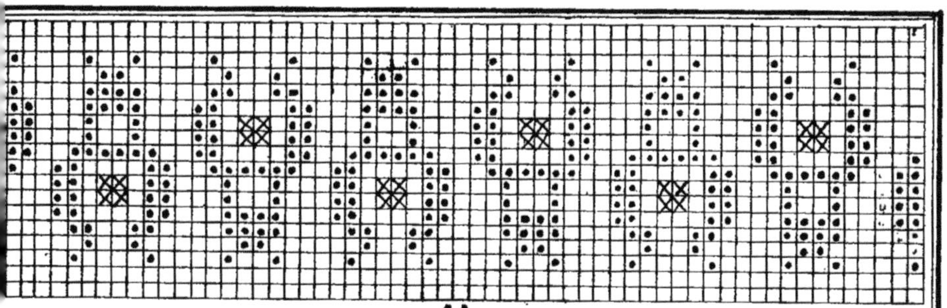

14

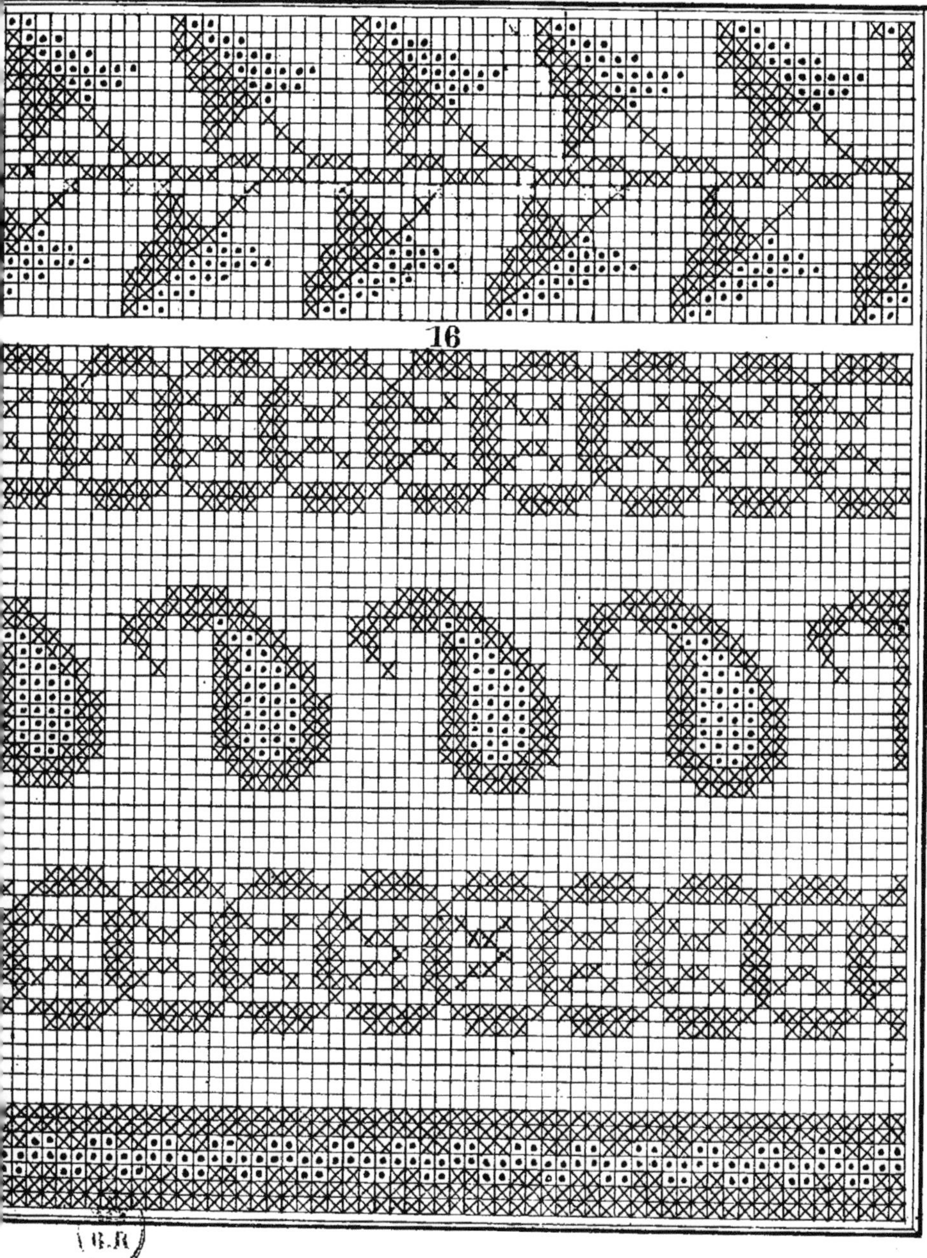

16

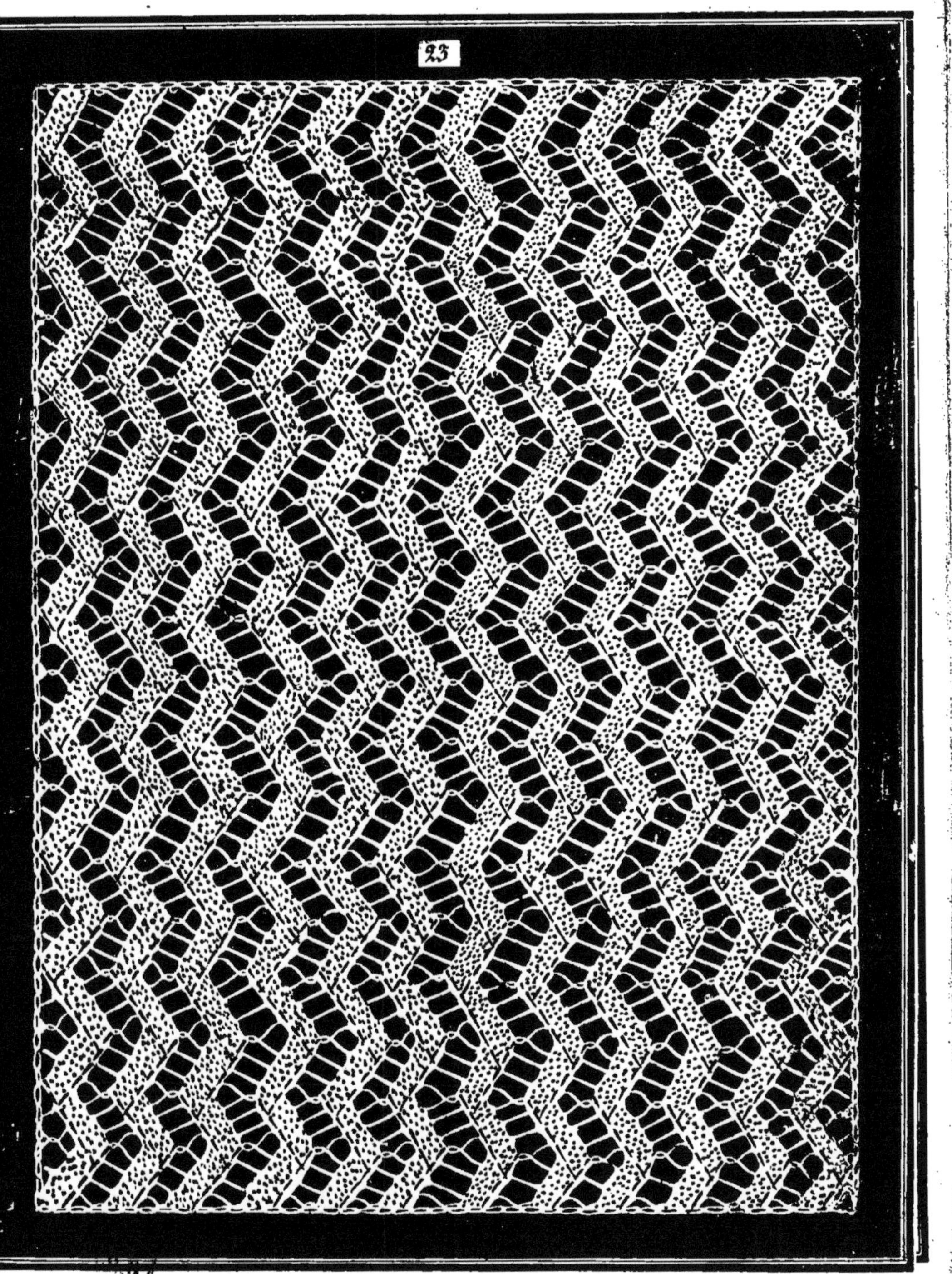
23

24

27

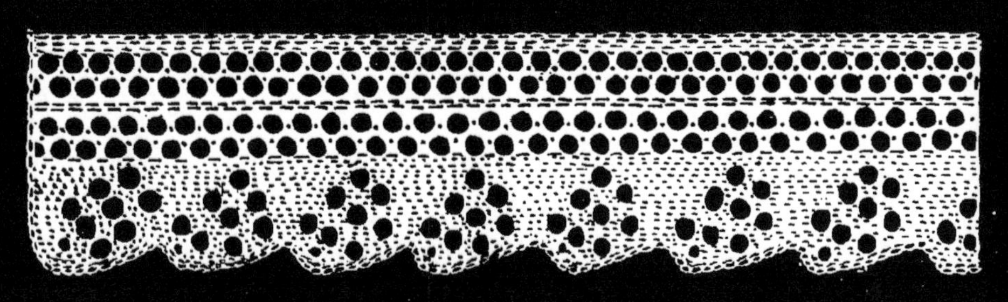

26

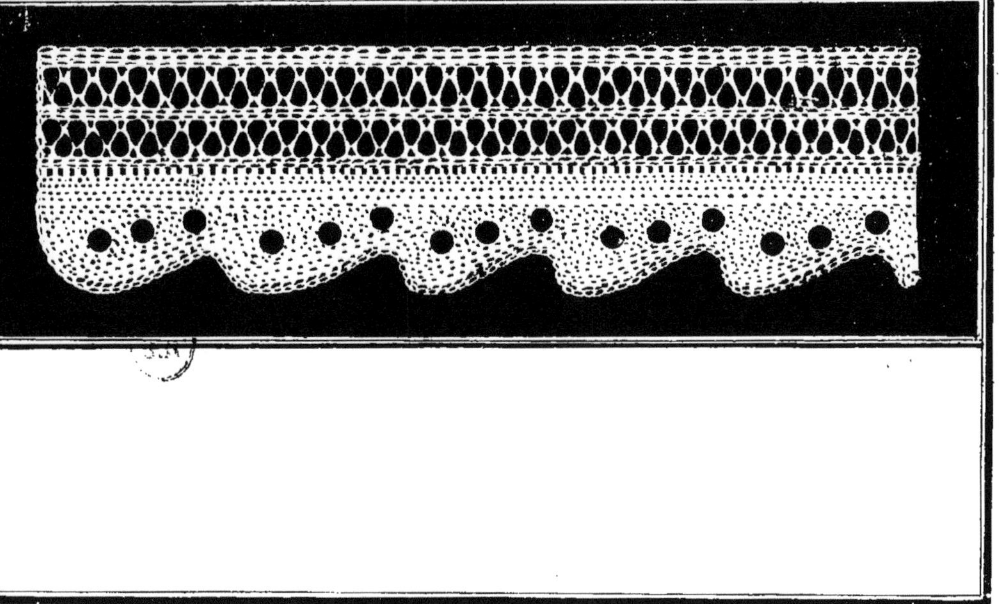

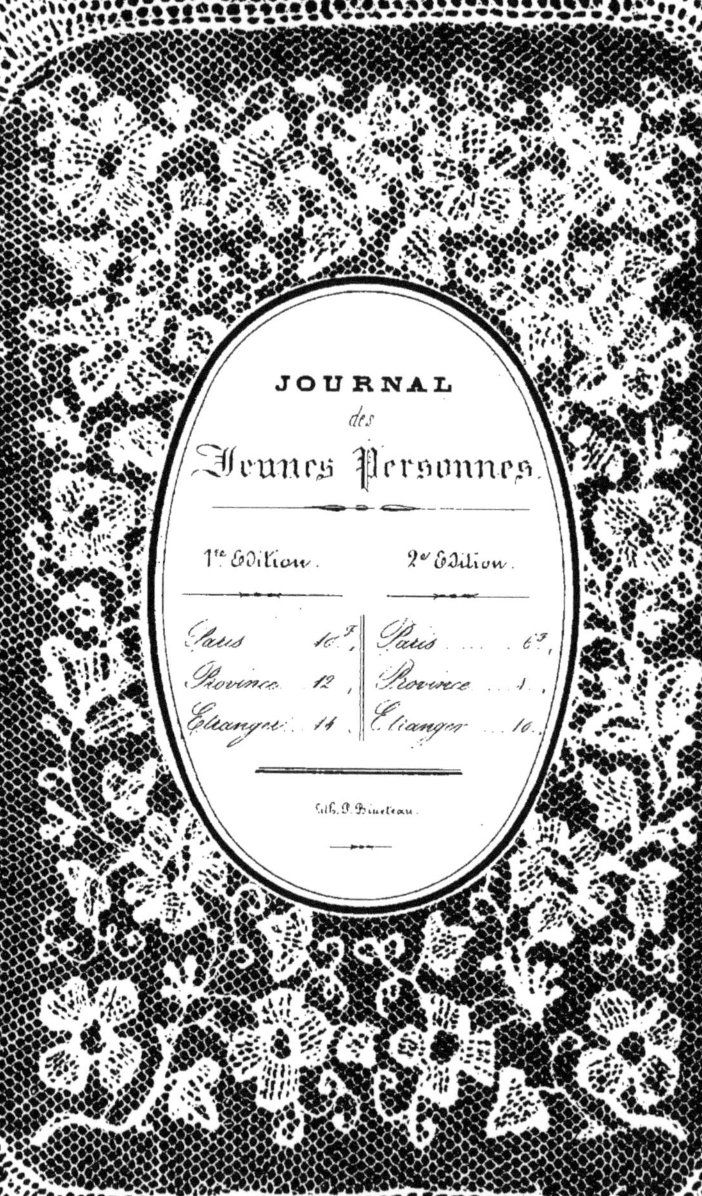

JOURNAL
des
Jeunes Personnes.

1re Édition.   2e Édition.

Paris 16,   Paris 6,
Province ... 12,   Province ... 1,
Etranger ... 14,   Etranger ... 10.

Lith. P. Bineteau.

www.ingramcontent.com/pod-product-compliance
Ingram Content Group UK Ltd.
Pitfield, Milton Keynes, MK11 3LW, UK
UKHW022307120726
13694UKWH00003B/1295